मेरी अभिव्यक्ति

विचारों की धारा

अंजू मिठास पाठक

BlueRose ONE.com
Stories Matter
NewDelhi • London

BLUEROSE PUBLISHERS
India | U.K.

Copyright © Anju Pathak 2024

All rights reserved by author. No part of this publication may be reproduced, stored in a retrieval system or transmitted in any form or by any means, electronic, mechanical, photocopying, recording or otherwise, without the prior permission of the author. Although every precaution has been taken to verify the accuracy of the information contained herein, the publisher assume no responsibility for any errors or omissions. No liability is assumed for damages that may result from the use of information contained within.

BlueRose Publishers takes no responsibility for any damages, losses, or liabilities that may arise from the use or misuse of the information, products, or services provided in this publication.

For permissions requests or inquiries regarding this publication, please contact:

BLUEROSE PUBLISHERS
www.BlueRoseONE.com
info@bluerosepublishers.com
+91 8882 898 898
+4407342408967

ISBN: 978-93-6452-996-9

Cover design: Tahira
Typesetting: Tanya Raj Upadhyay

First Edition: August 2024

आभार

इस पुस्तक के निर्माण और प्रकाशन की यात्रा में मेरे परिवार और दोस्तों का समर्थन अनमोल रहा है। विशेष रूप से, मैं अपनी बेटियों अंकिता पाठक और वर्तिका पाठक, तथा अपने पति महेश पाठक का धन्यवाद करती हूँ, जिन्होंने इस प्रयास में मेरा हर कदम पर समर्थन किया। उनकी प्रेरणा और सहयोग के बिना, इस पुस्तक का निर्माण संभव नहीं हो पाता।

मैं अपने प्रिय परिवार प्रीति, सुनील, मधु, अनिल, संदीप, मंजू, मणितोष और नीतू का भी हृदय से आभार व्यक्त करती हूँ, जिन्होंने हमेशा मेरा हौसला बढ़ाया और साथ निभाया।

मैं अपने पिता संतोष मिठास और स्वर्गीय माता शारदा मिठास की आभारी हूँ। उनके आशीर्वाद और संस्कारों ने मुझे इस यात्रा को पूरा करने की शक्ति दी।

अंत में, मेरे प्यारे दोस्तों नेमथ, अभिजीत, रजत, अमित और शुभम का भी हार्दिक धन्यवाद, जिन्होंने मेरे लेखन में आत्मविश्वास भरकर उसे सुधारने में मदद की।

सभी मित्रों, परिवार और पाठकों के सहयोग के लिए मैं दिल से आभारी हूँ। आपकी प्रेरणा और समर्थन ने मेरे विचारों को शब्दों में ढालने की ऊर्जा दी है।

प्रस्तावना

प्रिय पाठकों,

मेरी पहली पुस्तक "मेरी अभिव्यक्ति" में आपका हार्दिक स्वागत है। इस संग्रह में मेरे द्वारा लिखी गई कविताएँ, मेरे जीवन के अनुभवों और विचारों का एक दर्पण हैं। लंबे समय से लेखन की यात्रा पर रहते हुए, मैंने महसूस किया कि मेरे शब्द और भावनाएँ अब दुनिया के साथ साझा करने का समय आ गया है। यह पुस्तक हिंदी उपन्यासों के प्रभाव से प्रेरित होकर लिखी गई है, जिसमें मैंने जीवन की गहराई और उसकी रंगीनियों को शब्दों में पिरोने का प्रयास किया है।

मेरी कविताओं के माध्यम से मैं जीवन के विभिन्न पहलुओं और उससे जुड़े शिक्षाओं को आपके साथ साझा करना चाहती हूँ। यह पुस्तक मेरे व्यक्तिगत अनुभवों का प्रतिबिंब है, जो मुझे आशा है कि आपके दिलों को छू सकेगी, आपकी सोच में बदलाव ला सकेगी और आपको आत्म-मंथन के लिए प्रेरित कर सकेगी।

आपके साथ इस यात्रा को साझा करते हुए मुझे अपार खुशी हो रही है। उम्मीद है कि मेरी कविताएँ आपके हृदय में एक विशेष स्थान बना पाएंगी।

अनुक्रमणिका

अंतर्दृष्टि और सशक्तिकरण 1

भावों की बूंदें 2

खोज: उदासी से संतोष की ओर 3

अहंकार का दानव 5

बेचैन मन की पुकार 6

एक दिन आया, एक दिन गया 8

समानता की ओर बढ़ते कदम 9

नारी शक्ति की महिमा 11

नारी: एक संघर्ष और सम्मान 13

प्रेम और संबंध 15

रिश्तों की माला 16

दोस्ती का रंग 17

माँ की यादें 18

पिता कि व्यथा 20

अंतिम पड़ाव 23

नन्हे कदम, बड़े एहसास 24

आत्म-विश्वास और आत्म-समर्पण 25

गुरु के दर्शन: बंद आँखों का सफर 26

मौन: आत्म-अवलोकन 28

साँसों से जीवन की दोस्ती 29

प्रकृति का ध्यान 30

दान: एक श्रेष्ठ कर्म 31
कृष्ण भक्ति 33
अनवरत प्रवाह 35
सपनों का सफर 36
नई शुरुआत का वादा 37
जीवन के दो रास्ते 38

अंतर्दृष्टि और सशक्तिकरण

"यह कविता संग्रह मानव की आत्मचिंतन और शक्ति को समर्पित है। प्रत्येक कविता व्यक्तिगत विकास, समाजिक चुनौतियों और महिलाओं की अंतर्निहित शक्ति को व्यक्त करती है। विविध चित्रण और सोचने पर आमंत्रित करते हैं, ये कविताएँ जीवन की जटिलताओं पर विचार करती हैं, प्रतिष्ठा की प्रशंसा करती हैं और समाज में समानता और मानवता के प्रति पुनर्विचार की ओर प्रेरित करती है।।"

भावों की बूंदें

इस कविता में आंसुओं की गहरी भावना और उनकी महत्वपूर्ण भूमिका को उजागर किया गया है, जो सुख-दुख के हर पल में हमारे मन की अभिव्यक्ति बनते हैं।

आंसू भी बड़े कमाल के होते हैं,
अधिक खुशियाँ देखे तो यूँ ही बहते हैं।
चाहता है मन छिपा ले इन्हें नेत्रों में,
पर लाचार हो ये अश्रुधारा बहते हैं।

जब देखे दुखों और परेशानियों का पहाड़,
ये बूंदें बनकर उन्हें तोड़ जाते हैं अनायास।
सुख के सागर में भी यह अपनी छाप छोड़ जाते हैं,
कुछ भी समझ न आए तो भावों को व्यक्त कर जाते हैं।

खुशी हो या गम, दोनों में ही हैं ये सहारा,
यह सरलता से कठिनाई में भी देते हैं इशारा।
मन के भावों को जताना इनका काम है,
यह आंसू, सचमुच बड़े अनमोल और महान हैं।

खोज: उदासी से संतोष की ओर

यह कविता मानव से आत्मजागरूकता करने को कहती है और यह भी सुझाव देती है कि अपने जीवन में संतोष जगाएं और आस-पास की प्रचुरता को देखें।

क्या कारण है तेरी उदासी का, इंसान?
एक बार स्वयं को पढ़ और यह पहचान।

क्यों तेरे अतिरिक्त ईश्वर की कोई कृति नहीं है परेशान?
तेरे पर अनुपम कृपा है, पर तेरी फिदरत है कि तू है हैरान।

तेरे पास वरदान है, सोच सकता है, हाथों से कर्म कर सकता है।
बना सकता है अपने भाग्य की नई लकीरें,
परन्तु रहता है हर पल परेशानी में।

जो अन्य जीवजंतु है जिन्हें न कल की खबर है,
न खाने का पता है, न रहने की फिक्र है ,
वह तेरी बेचारगी पर हंस रहे है।

सब कुछ कर सकने का समर्थ है,
फिर भी आनंदित रहने में असमर्थ है।

न जाने क्या पाकर खुश रहने की ठानी है?
दुर्भाग्य! सब मिल जाने पर भी वही बेचैनी और उदासी है।

कर स्वयं से प्रण, संतुष्ट हो जा,
सम्पूर्ण कर समय के साथ और खुश हो जा।

छोड़ दे इतना अधिक महत्वाकांक्षी होना,
एक दिन तो छोड़कर जाना ही है यह बसेरा।
शर्म कर स्वयं पर, तू अनमोल क्षण खो रहा है,
हर पल बस शिकायतों को ढो रहा है।

सोच और उठ, सीख ले प्रकृति से,
चल निरंतर अपने जीवन की गति में खुशी से।

अहंकार का दानव

यह कविता मानव और उसके भीतर के अहंकार के बीच संघर्ष को उजागर करती है।

अहंकार मानव का कद बौना बना देता है।
यह बड़ा सा दानव है जो अस्तित्व मिटा देता है।

जब भी मानव हुआ इसका शिकार,
लगा वह बड़ा बेचारा और लाचार।

जिस व्यक्तित्व का निर्माण जीवन भर करता है,
यह एक क्षण में ही उसे अस्त-ध्वस्त करता है।

अहंकार अहम का सर्वनाश है,
मानव का यह शत्रु बेहद खास है।

बचना है तुझे, उठा समझदारी का अस्त्र,
जला दे इसे तुरंत, जब भी आये बन यह एक शस्त्र।

तेरी मुस्कान और शांति के तीर बड़े पैने हैं,
चला इन्हें तुरंत, जीतना महाभारत तुझे है।

जब भी उत्पन्न हो यह तेरे हृदय में,
बजा शंखनाद, पवित्र अपने हृदय में।
यह डर से ही भाग जाएगा,
तेरा दैवीय स्वरूप बच जाएगा।

बेचैन मन की पुकार

यह कविता मन की बेचैनी, तुच्छ व्यवहार से घाव, और सच्चे प्यार की खोज पर केंद्रित है। यह आत्मा की गहराईयों में झांकने और जीवन की सादगी को अपनाने की प्रेरणा देती है, साथ ही शांति और सुकून की इच्छा व्यक्त करती है।

क्या चाहता है मन, एक बार तो बता।
क्या है तेरी तलाश, एक बार तो सुना।
इतनी बेचैनी और उदासी क्यों है तेरे पास?
क्या तुझे चाहिए, क्या है तेरे दिल की आस?

क्यों सहन नहीं है तुझे तुच्छ लोगों का व्यवहार?
क्यों ढोंग और खालीपन से होता तू घायल ?

कैसे बनेगा वह घर, जहाँ हो प्यार की डगर?
सच्चाई और निस्वार्थता से भरा हो हर सफर।

मुख से निकले तो हो अमृत की धार,
जो सुख दे स्वयं को और जगत को अपार।
इतनी कड़वाहट और पाखंड का क्या काम?
जो न रहने दे चैन और करे आराम हराम ।

क्या हम पावन और पवित्र नहीं रह सकते?
हर एक के लिए फूल नहीं बिखेर सकते?
क्यों खुद ही सारा न्याय करने की ठानी है?
हर गतिविधि पर टिप्पणी खुद ही क्यों सुननी है।

खुले मन से जी ले ज़रा मेरे मन,
मिल जाएगा तुझे खुद में ही ब्रह्मांड का धन।
जहाँ मुस्कान होगी, जो दिलों को छू जाएगी,
फैलेगी चारों ओर खुशी, और नकारात्मकता को मिटाएगी।

क्यों हर किरदार को ढोंग का अभिनय करना है?
सच और सादगी से रहकर देख, जीवन कितना सुहावना है।

जीवन की नदी को स्वतः बहने दे,
न फेंक कंकड़ निंदा, घृणा और चुगली के।
तू तो ईश्वर की अद्वितीय कृति है,
तू दैवीय गुणों की एक संस्कृति है।

अपना एक अलग संसार बना,
जहाँ केवल निस्वार्थ प्यार ही बसा।

जब जाए धरा से, अद्भुत सुकून हो,
शांति, सुख और जाने का जुनून हो।
लोग विदा करें मुस्कराहट के साथ,
दुआ करें पुनः मिलन की अश्रुधारा के साथ।
यादों में प्यार और अपनापन हो,
पुनः मिलने की आतुरता का प्रबल मन हो।

एक दिन आया, एक दिन गया

यह कविता हमें बताती है कि हमें अक्सर ऐसा लगता है कि हमने समय को बिना पर्याप्त अर्जित किए ही गवाया है। इसका संदेश है कि हमें अपनी आत्मिक शांति की खोज करनी चाहिए और समाज के लिए सकारात्मक योगदान देने की प्रेरणा लेनी चाहिए।

एक दिन आया, एक दिन गया
यूँ ही धीरे-धीरे जीवन बीत गया।

जब दूर से देखा, ये ही समझ आया
हमने क्या खोया और क्या गवांया।

जो अब लौट न सके, वो व्यर्थ लुटाया
इधर-उधर भटके, परन्तु लक्ष्य न पाया।
थक कर मालूम पड़ा, यह खुद में था समाया।

न कोई राग, न कोई द्वेष,
सदभावना से बना जीवन विशेष।

जब स्वयं के संग कुछ समय बिताया
तब लगा, सच में जीवन जीना आया।

यदि सब लें जिम्मेदारी स्वयं की इस संसार में
तो क्या कमी है इस सुंदर जहान में?

बनाते है अब स्वर्ग यहाँ
जीते है जीवन खुशनमा।

समानता की ओर बढ़ते कदम

यह कविता बदलती लैंगिक भूमिकाओं और महिलाओं की उपलब्धियों को उजागर करती है। यह पारंपरिक मानसिकताओं को तोड़कर समानता और साझा जिम्मेदारियों की वकालत करती है

कहते हैं लोग कि समय के साथ समानता आई है,
पुरुष घर संभालने आगे आ रहे हैं, नारी बाहर कार्य संभाल रही हैं।
माना, नारी को आज़ादी मिली है, समान शिक्षा विकास का अधिकार भी है।

यह एक शुरुआत है, पर मंज़िल अभी दूर ही है,
समान अवसर मिलने से उसने गर्व से सर ऊपर उठाया है।
कंधे से कंधा मिलाकर नया किरदार बखूबी निभाया है।
आज वह अपनी प्रतिभा पहचान रही है,
समाज में अपना अदभुत वर्चस्व बना रही हैं।

कहने को घर गृहस्थी संभालना तुच्छ कार्य लगता है,
ऐ पुरुष, कर अहसास, यह आसान नहीं होता है।
इस कार्य में बलिदान, प्रेम और निस्वार्थ सेवा का योग है,
तभी तो नारी अनुपम गुणों का संयोग है।

चिंतन यह है कि यदि नारी ने नए किरदार को बखूबी निभाया है,
तो क्या पुरुषों ने भी नया किरदार स्वतः अपनाया है?

दोनों यदि एक गाड़ी के दो पहिए हैं,
तो एक पहिये पर दुगना बोझ क्यों?

कब हम संकीर्ण मानसिकता से आजाद होंगे?
और समाज में समानता की क्रांति जगाएंगे,
जहाँ प्रेम और त्याग का भाव होगा,
बिना शर्त हर कदम साथ साथ होगा।

रास्ता लम्बा है, मंज़िल दूर है,
परन्तु, यह यात्रा नामुमकिन नहीं है।

नई सोच और नई चाह पहुंचा ही देगी मंज़िल पर,
बना देगी स्वर्ग इस धरती पर।

नारी शक्ति की महिमा

यह कविता नारी शक्ति की महिमा और अद्वितीय स्वरूप को दर्शाती है, उसे देवी के रूप में काली, दुर्गा, सरस्वती के माध्यम से प्रस्तुत किया गया है, और इसे नारी की आंतरिक शक्ति, धैर्य, और सकारात्मकता से जोड़ा गया है।

अपनी शक्ति को पहचान ले,
तू देवी स्वरूप है, यह जान ले।

हर नकारात्मकता से तुझे बचना है,
सकारात्मक तीरों से वार करना है।

अनंत शक्ति और धैर्य का तू रूप है,
तू काली, दुर्गा, सरस्वती का स्वरूप है।

काली रूप धर, नकारात्मक विचारों का वध कर,
दुर्गा रूप से सभी जन का पोषण कर।

सरस्वती बन, ज्ञान और ध्यान से विजयी भव,
प्रकृति में तेरा जन्म वरदान है।

जो साक्षात नारी का अवतार है,
सृष्टि की रचना का तुझे उत्तरदायित्व मिला है।

पहचान स्वयं को, अपनी आंतरिक शक्तियों से,
जीत जाएगी तू हर रण क्षेत्र अपनी इन्हीं शक्तियों से।

तू विजयी है, तू नदी है, तो भक्ति है,
तू शक्ति है, तू जीवन है, तू समर्पण है।

तुझे नमन है, नारी शक्ति, तुझे नमन है।

नारी: एक संघर्ष और सम्मान

यह कविता महिलाओं के जीवन की गहराई में समाजिक प्रतिकूलताओं और स्वतंत्रता की खोज को व्यक्त करती है।

किसी का अपमान या तुच्छ दिखाना उद्देश्य नहीं है,
परन्तु मन के कुछ सवालों के उत्तर कहीं नहीं है।

सोचता है मन बड़े अजीब से सवाल,
ढूंढ़ता है मन उनके सटीक जवाब।

मनुष्य इस पृथ्वी पर जन्म के लिए नारी की कोख मांगता है,
रक्त, मांस, हड्डियां व पोषण भी उधार ले जाता है।
पर पृथ्वी पर आते ही, बलिदान और त्याग क्यों भूल जाता है?

जन्म के बाद भी, पूर्णतया पोषण माता से कराता,
उसके स्तनपान व गोद के बिना जीवित नहीं रह पाता।

जब पहुंचता है युवावस्था में, नारी को है ढूँढ़ता,
बसे परिवार अपना, जीवन में हो सम्पूर्णता।

चाहता है सहारा और माँ जैसा प्यार,
चाहे हो वृद्धावस्था या जीवन का अंतिम पड़ाव।

सारी उम्र तेरे लिए व्रत, पूजा व उपवास,
फिर भी नहीं मिलता है उसे देवी सा आभास।
पूँछ स्वयं से, किस वक़्त तू आत्मनिर्भर था,
सच तो है, हर पल तू नारी पर ही आश्रित था।

विद्या अर्जन में माँ सरस्वती ने दिया साथ,
धन वृद्धि में था माँ लक्ष्मी का हाथ।
शक्ति व सामर्थ्य के लिए दुर्गा को पुकारा,
फिर भी तुझे सत्य से दूर ही पाया।

अब तो कर विचार, क्यों है इतना अहंकार?

चाहे हो दुखी, बीमार या हो थकी,
अपने कर्तव्य से नारी कभी विमुख न हुई।

कर पुनः चिंतन, तो क्रांति आ जाएगी,
समाज में समानता व शांति छा जाएगी।
न होगा उसका शारीरिक व मानसिक बलात्कार,
गर्व से कहेगी वह, यह है उसका संसार।

एक पल ठहर और सोच ज़रा,
कितना क़र्ज़ उतारना है अभी तुझे उसका।

प्रेम और संबंध

"ये कविताएँ प्रेम और मानव संबंधों को गहराई से व्यक्त करती हैं, जैसे अनवरत स्वीकृति से लेकर दोस्ती के गहरे बंधन, माता-पिता के प्यार का उत्कृष्टता, व्यक्तिगत संघर्षों की चुनौतियों को और पालतू जानवरों के साथ संवेदनशीलता।"

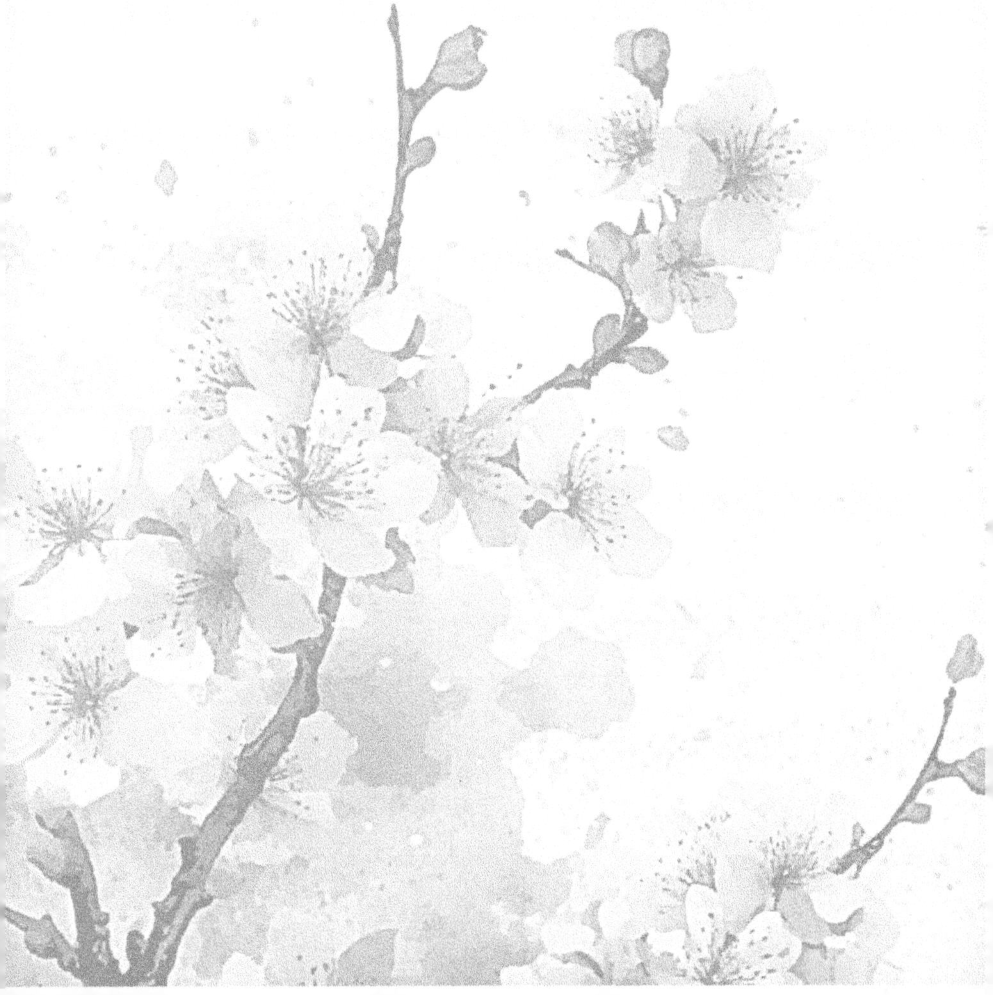

रिश्तों की माला

यह कविता रिश्तों की अनमोलता को बयान करती है और एक संबंधों भरे जीवन की माला की बुनाई को दर्शाती है।

अपने मुस्कान भाव से जब हम रिश्ते निभाते हैं,
हर मानव को हम अपने हृदय में समाते हैं।

निस्वार्थ भाव से जब हम सबको अपनाते हैं,
अपने मन-तन में अलग निरंजन जगाते हैं।

कितनी पावन धरा है यह, सभी हैं अनमोल मोती,
पिरो लें इन्हें धागों में, बन जाएगी माला अनोखी।

रंग-बिरंगे, छोटे-बड़े मोती को जोड़ के,
अलग ही माला बने, सभी बंधन तोड़ के।

इतना आनंद व प्यार समा जाएगा तेरे राग में,
फूल और खुशियाँ बिछेंगी तेरे हर पग में।

नन्हा बच्चा बन, हो जा निश्चल और पावन,
हर एक को तू अपना पाएगा, हर मौसम होगा सावन।

शंखनाद और मंत्रों का जाप हर नस में बसा ले,
सुंदर मुस्कराहट होगी तेरे जीवन में, मतवाले।

तू विजयी हो जाएगा इस शांति युद्ध में,
हर खुशी समा जाएगी तेरे जीवन के सफर में।

दोस्ती का रंग

कविता का संदर्भ है दोस्ती के महत्वपूर्ण और सुंदर रिश्ते पर। इसके माध्यम से कवि ने दोस्ती की सच्चाई और उसके अनमोलता को व्यक्त किया है।

दोस्ती जीवन में प्यारी मुस्कान है,
याद आ जाए तो दिल में उठता तूफान है
खुशी-गम में यह साथी महान है,
हर मुश्किल में दोस्ती का एहसान है।

स्वरचित रिश्ता यह दिल से जुड़ता है,
साथ बैठें तो सुकून मिल जाता है,
मन बेचैन हो तो दोस्त ही याद आता है

मिलकर मुस्कुराना, गीत गाना,
दूर पगडंडियों पर संग दौड़ जाना।
उसके डिब्बे से माँ के पराठे खाना,
उसके पैसे से समोसा मंगाना।
परीक्षा में उसके अंक ज्यादा आए,
तो खुशी के आँसू आँखों में समाए।

दोस्ती पवित्र भावों की कमाई है,
न कोई चुरा सके, न कोई मिटा सके।
दिल की तिजोरी में यह सजती है,
यही जीवन में सतरंगी रंग भरती है।

माँ की यादें

इसमें कवि अपनी माँ की यादों को और उनके साथ बिताए हुए पलों को याद करते हैं, और उनकी अनमोल ममता और समर्थन की बातें व्यक्त करते हैं।

कुछ बहुत मूल्यवान मेरा छूट गया है,
शायद मेरा ईश्वर मुझसे रूठ गया है।

जब हुआ मन उदास, उसकी याद आई,
हर खुशी और दुख में, वह सबसे करीब आई।

जब भी हुआ मन, घंटों बात की,
अपने दिल की हर बात उसको बताई।

कौन रखेगा सर पर हाथ अब आज,
कौन बुलाएगा मिलने अब बार-बार?

लेकिन यह तो जीवन का अटल सत्य है,
हम इसके सामने बहुत ही विवश हैं।

छोड़ना ही पड़ता है साथ अपनों का कभी,
रखना है विश्वास, वह है मेरे करीब अभी।

अब तुम्हें अपने और भी पास पाती हूँ,
हर पल तुमसे मन की बातें कह जाती हूँ।
न फोन की ज़रूरत, न समय की पाबंदी,
हर पल तुमसे बात करने की है आज़ादी।

तेरे प्यार और आशीर्वाद का हर पल अहसास,
जीवन में भरता है नया उल्लास।

तू न कभी दूर थी, न होगी,
मेरी बेटी में भी तेरी परछाई होगी।
मैंने कुछ भी नहीं खोया है, माँ,
अपने बच्चों में मैंने तुम्हें ही पाया है।

पिता कि व्यथा

कविता में एक पिता की भावनाओं और दुविधा को दर्शाया गया है जब वह अपनी बेटी को विवाह के लिए तैयार कर रहा होता है।

एक नन्ही परी जब पिता की गोद में आई,
सारी खुशियां और दुआएं उसमें समाई।

नन्ही परी जब भी मुस्कुराई,
पिता के जीवन में हरियाली छाई।

गोद में रख उसे निहारे,
हर दुआ हो गई कुबूल वह माने।

कैसे दूँ उसे मैं इतना प्यार,
न कोई अड़चन आए, न कोई भार।

प्यारी परी जीवन का केंद्र बनी,
हर सांस में बस वही बस रही।

हर कर्म उसके लिए समर्पित हो जाए,
उसे अनगिनत सुविधाओं से सजाए।

वह सींचे उसे प्रेम के साथ,
पकड़े उसके छोटे-छोटे हाथ।

पर समय तो बहता पानी है,
यह रुकता नहीं, यही इसकी निशानी है।

वक्त के साथ बेटी का बड़ा होना,
उसके सुखद भविष्य को संजोना।

जिस उत्तरदायित्व को वह पूजा की तरह निभाता है,
अपना सब कुछ परी पर न्योछावर कर जाता है।

अब समय है साथी को हाथ सौंपने का,
क्या वह निभाएगा हर कर्तव्य सच्चे दिल से?

दुविधा बड़ी है, विश्वास भी है,
पर पिता की व्यथा सबसे बड़ी है।

कैसे सौंप दे अपनी परी का हाथ,
कैसे करे विश्वास कि निभाएगा वह हर कर्तव्य प्रेम के साथ?

पर संसार का नियम है, बेटी है पराया धन,
हाथ उसका सौंपना यही है पावन धर्म।

रख भरोसा परी की किस्मत पर,
जिसने दिया है उसे पिता ऐसा, वही रचेगा सुंदर भाग्य उसका।

छोड़ संदेह और असमंजस,
कर निर्णय, छोड़ दे प्रभु पर सब।

उसने जब दिया है उसे अनमोल पिता और परिवार,
वही देगा उसे अनमोल पति और भविष्य का साथ।

रख भरोसा प्रभु पर, वही है विधाता,
तू तो है पिता, पर वही है भाग्य निर्माता।

खुश रहेगी तेरी परी, बस यकीन कर,
सौंप सब प्रभु पर, पकड़े है उसने उसके कर।

अंतिम पड़ाव

कविता वृद्धावस्था और जीवन के अंतिम चरण की चुनौतियों और आत्मचिंतन को व्यक्त करती है।

जीवन की सांयकाल, इतनी डरावनी क्यों होती है?
न कोई उद्देश्य, न कोई आशा, यह उदासीन क्यों होती है?

थका सा तन, परेशान सा मन,
जीवन में लगता है बस वही गम।

क्या कारण है इस हालात का?
क्या कर्म का अभाव या प्रेरणा की कमी?
जो प्रतिदिन जीने के प्रयास में खो गई।

ठहर!
स्वयं को दे चुनौती, खुश रहने का बना मकसद।
बीते पलों की यादें, और उनकी किताबें खोल,
नई उम्मीदों को जागृत कर, खोज खुशियों की नई डोर।

जीवन की हर शाम है एक नया सवाल,
ख़ुशी के रंग में रंग दे और पा जीवन की सच्चाई का जवाब।

नन्हे कदम, बड़े एहसास

यह कविता जानवरों के निस्वार्थ प्रेम और हमारे साथ उनके गहरे संबंधों को व्यक्त करती है।

हमारे जीव-जंतु नहीं हैं बेजुबान,
बस है हमारी भाषा से अनजान।
अपना प्रेम वे हाव-भाव से जताते,
तुम जैसे हो, वैसे ही अपनाते।

जब आएं उसके अपने, नेत्रों से आँसूं छलकाते
अपने नन्हे नन्हे पैरों से दौड़े चले आते है,
यदि घर से जाए कोई, इंतज़ार में नैन बिछाते,
आहट पर, स्वागत में तत्पर हो जाते।

अपने निस्वार्थ प्रेम से दिलों में बस जाते,
परिवार का अभिन्न हिस्सा बन जाते।
उनके साथ बीते हर पल का आनंद,
जीवन में भरदे खुशियों अनंत।

आत्म-विश्वास और आत्म-समर्पण

"यह कविताएं आत्मविचार, आध्यात्मिक अन्वेषण, और व्यक्तिगत विकास की यात्रा को दर्शाती हैं, जिसमें खुद को खोजने, भक्ति, आभार, और जीवन की सरलता और चुनौतियों को अभिव्यक्त किया गया है।"

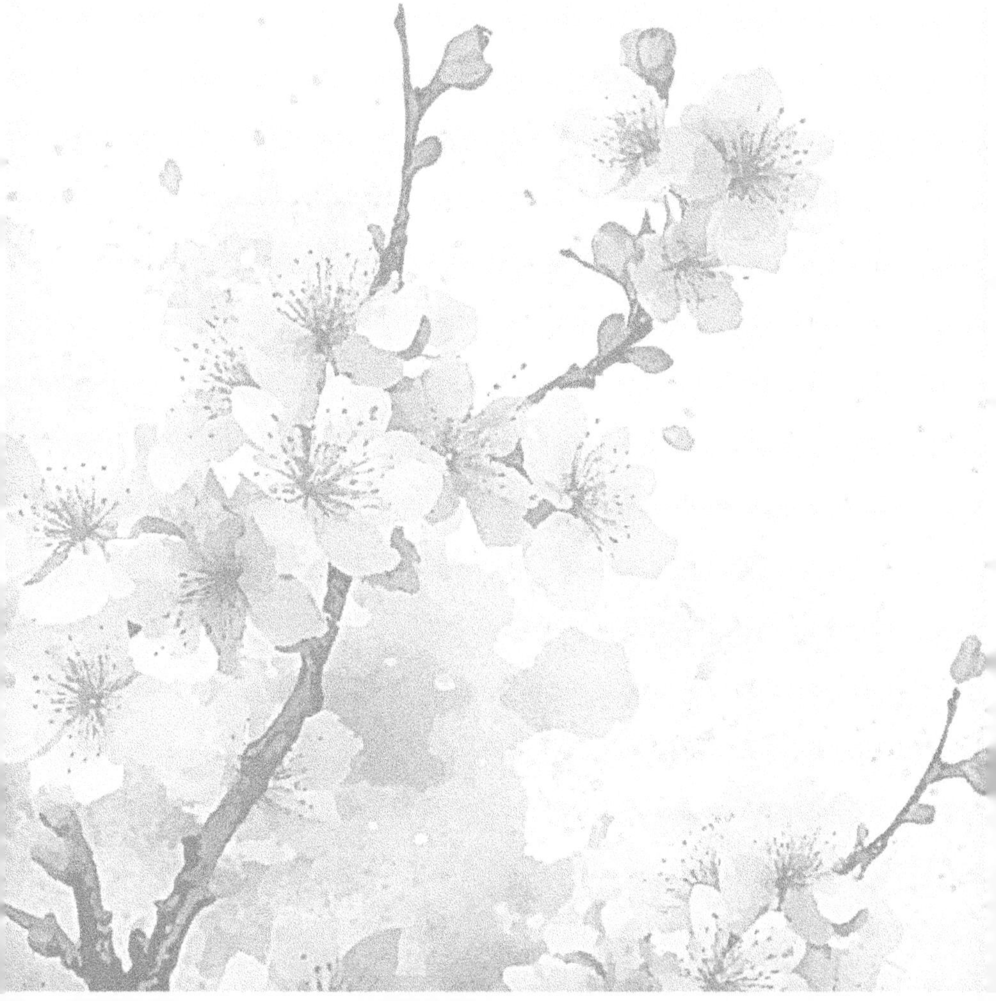

गुरु के दर्शन: बंद आँखों का सफर

यह कविता एक व्यक्ति के जीवन में आनंद और सकारात्मकता की खोज को दर्शाती है, जब उसे गुरु के मार्गदर्शन से अपनी आत्मा का आध्यात्मिक संदेश समझने का अनुभव होता है

पहले लगता था, बंद आँखें करना है नींद और आराम,
जब भी थके सांसारिक कार्यों से, बंद की आँखें और विश्राम।

जीवन का काफी लम्बा अरसा बीत गया,
बंद आँखों का यह सिलसिला चलता रहा।

सोचा जीवन में भागदौड़ और बंद आँखों से,
निंदियां बहुत कर चुके, अब ढूंढें स्वयं को और ध्यान की ओर चले।

गुरु ने देखा, मुस्कुराए, हल्की सी मुस्कान से आश्रम में बैठाये,
लगा कोई गलती करली मैंने, अभी से यहाँ आने की क्या पड़ी है।

लौट जा, अभी भी वक्त है,सांसारिक खुशियाँ तुझे बुला रही हैं।

मन असमंजस में था,अभी तक बंद ऑखों से हमने कुछ देखा नहीं था,
इसलिए जिज्ञासा का भाव भी तगड़ा था।

बैठ गए आश्रम में, करी आँखें बंद,
बड़ी बेचैनी हुई, तन व मन हुआ तंग,
धीरे धीरे स्मरण हुआ ,अनंत प्रकाश से भरे ब्रह्माण्ड का साक्षात्कार हुआ।

नेत्र तो बाहरी दुनिया देख खुश हो रहे थे,
आज पता चला यह समय व्यर्थ कर रहे थे।

बंद आँखों से विस्तृत ईश रचना देखी,
बंद आँखों से दिव्य प्रकाश की संरचना देखी।
बंद आँखों ने नाकारत्मक भावों से दूर किया,
सकारात्मकता व परोपकार का दरवाज़ा खुल गया।

एक अद्वितीय अदभुत इंसान से मुझे मिलाया,
मंद मंद मुस्कान से उसके सानिध्य बैठाया।
बस यही खोज थी पूरी हो गयी,
बंद आँखों से अनगिनत रत्नों भरी आनंदित ज़िन्दगी मिल गयी।

मौन: आत्म-अवलोकन

यह कविता मौन की महत्वपूर्णता और शक्ति को व्यक्त करती है, जो हमें अपने भीतरी समझ और आत्म-साक्षात्कार की दिशा में ले जाता है।

कभी सोचा न था मौन की शक्ति,
इसने दिलाई नकारात्मक भावों से मुक्ति।

अनुभव किया जीवन की असली लड़ाई,
स्वयं से है, बाहरी तत्व तो मात्र परछाई।

जो भी अंतर्द्वंद था मन के भीतर,
वह भी दर्शन दिया मौन में रहकर।

मौन में किया आत्म-चिंतन और मंथन,
क्या चाहत द्वंद्व, क्या है कंपन।

कभी खोजा खुद को, कभी किया वायदा,
ढूंढेंगे अलग रूप, देखेंगे नया आईना।

जो ढूंढ रहा था मन दूसरे के हाव-भाव में,
मौन में जाना, वह ढूंढना है स्वयं में।

मौन में किए साकार और सार्थक संवाद,
मौन ने नकारा निरर्थक वाद-विवाद।

मौन हर समस्या का समाधान है,
अपनी ऊर्जा और शक्ति का संचय है।

अपने स्वरूप को पहचानने का अवसर है,
स्वयं को तराशने का यह एक अमूल्य पथ है।

साँसों से जीवन की दोस्ती

कविता का संदेश है कि साँसों से जब हम एक संवाद स्थापित करते हैं, तो हमारा जीवन मधुर और सरल हो जाता है।

जब साँसों से हो जाए दोस्ती,
जीवन मधुर और सरल बन जाता है।
स्वयं के साथ रहना व जीना आ जाता है।

अपनी आंतरिक शांति व प्रकाश से जीवन जगमगा जाता है।
मन निर्मल और स्वच्छ महसूस करता है,
जो सांसारिक परछाइयों को स्वयं देख पता है।

हर पल जीवन का आनंद से भर जाता है।
साँसों पर ध्यान और साँसों के साथ मुस्कान,
यही जीवन गूढ़ रहस्य सुख मन्त्र बन जाता है।

प्रकृति का ध्यान

कविता में प्रकृति के ध्यान को मानव के ध्यान से जुड़ा हुआ प्रस्तुत किया गया है, जिसमे प्रकृति की शांति और मानव के आनंद और आत्मा का गहरा संबंध दिखाया गया है।

आज प्रकृति भी ध्यान लगाए बैठी है,
शांत भाव से खुशियाँ समेट बैठी है।
न कोई हलचल है, न कोई ध्वनि,
वह तो अपनी ही धुन में बैठी है।

पास जब बैठते हैं उसके, आनंद का अहसास होता है,
मानो जैसे देवताओं और मानव का पुनर्मिलन होता है।

पावन हवा, पावन धरा, पावन गगन,
प्रकृति है अपने ध्यान में पूर्णरूप से मगन।

इस क्षण में बरस रहा आशीष और वरदान,
बैठ इसके साथ, तू भी कर अब ध्यान।
मन व आत्मा आनंद से तृप्त हो जाएगा,
तू अपने दैवीय स्वरूप को पहचान जाएगा।

इस क्षण कर साक्षात्कार अपने निर्मल अवतार से,
मिल जाएगा जीवन के आनंद का रहस्य इस ध्यान से।

प्रकृति और मानव जब करेंगे ध्यान,
जग में भर जाएगी शांति और ज्ञान।
हर चेहरा मुस्कान से भर जाएगा,
जीवन एक मधुर संगीत बन जाएगा।

दान: एक श्रेष्ठ कर्म

यह कविता प्राचीन शास्त्रों में वर्णित दान की महत्वपूर्णता को व्यक्त करती है, जिसमें दान को मानवीय करुणा और आध्यात्मिकता के माध्यम से जीवन को समृद्ध बनाने का संदेश दिया गया है।

दान का महत्व वेद पुराणों में वर्णित है।
यह बड़ा दैवीय शब्द है, यह सर्वविदित है।

दान से ही मानव सच्चा इंसान बनता है।
यह पावन भाव स्वयं से ऊपर अन्य को रखता है।
कुछ क्षण के लिए वह अपना अस्तित्व भूल जाता है।
जीवन है मेरा, अपनों के लिए यह अनुभव कर जाता है।

दान अनेक रूपों में किया जा सकता है।
मुस्कुराहट से भी दान दिया जा सकता है।
सकारात्मक भाव जीवन की प्रसन्नता की मुख्य कुंजी है।
यह ही दान की सर्वप्रथम श्रेणी है।

अन्न दान से हम दूसरों को तृप्त कर जाते हैं।
स्वयं में और अपनों में विशाल दैवीय भाव जगाते है।

जल दान तो जीवन दान देना होता है।
जल जीवन है, यह निर्मल और सरल होता है।

रक्त दान पुनर्जीवन देने के समान है।
जो अपने जीवन की प्राणधारा से रक्त दान करे।
उसे देवी देवता भी प्रणाम करें।

हर दान मानव को दैवीय गुणों के समीप लाता है।
उसे अद्भुत आनंद और शांति का अनुभव कराता है।

सबसे बड़ा दान है स्वयं का।
जब हो तुम मृत्यु के करीब।
करो वादा स्वयं से अभी।
हम बनेंगे किसी के जीवन का गीत।

जाना है हमें यहाँ से यह ऋण चुकाकर।
तेरा क्या था जो ले जाएगा मृत्यु को पाकर।

अपने अंगों का दान मानव को ईश्वर समान बनता है।
हर शरीर का अंग आये काम तो मोक्ष मिल जाता है।

क्या करेगा तू इस काया को अग्नि या जल को समर्पित कर।
यह तेरा कभी था ही नहीं, इसे मृत्युपरांत संसार को समर्पित कर।
तू यहाँ से सुकून के साथ विदा हो जाएगा।
पुनः तू इस धरा पर दान और महादान करने आएगा।

कृष्ण भक्ति

इस कविता में कवि ने भगवान कृष्ण के प्रति अपनी भक्ति और प्रेम को व्यक्त किया है। वह उन्हें सखा मानकर अपनी भावनाएँ साझा करती हैं और जीवन को सही दिशा देने की प्रार्थना करती हैं।

कान्हा, तुम मेरे मित्र बन गए हो,
हर पल मेरे मन का इत्र बन गए हो।
तुझसे मैं पल-पल बातें करती हूँ,
तुम्हें हर क्षण मैं सुमिरन करती हूँ।

हर पल रहता है इंतज़ार कि तेरे पास बैठूं,
तुझसे अपने मन की सारी व्यथा कह दूँ।

मन में सदैव कृतज्ञता रहती है,
तुमने मुझे अपने ह्रदय में जगह जो दी है।
जब भी नेत्र बंद करूं, तुम ही नज़र आते हो,
लगता है तुम मेरे हर पल पास हो,
तुम ही मेरे जीवन की ख़ुशी व प्रकाश हो।

कृष्ण कोई जाप का नाम नहीं,
यह हर मानव की अपनी चेतना का नाम है।
जीवन की हर परिस्थिति में मुस्कुराने का नाम है,
अंतर्द्वंद्व को जीतने का नाम है,
स्वयं की महाभारत में लड़ने का नाम है,
दिलों को चुराना और दिलों में बसने का नाम है।

बस, दिन प्रतिदिन भक्ति यूँ ही बढ़ती रहे,
मेरे जीवन को सार्थक उद्देश्य देती रहे।
ओ कान्हा,सारथि बन राह दिखाते रहना,
मेरे जीवन के रथ को लक्ष्य पर पोहंचा देना।

अनवरत प्रवाह

इस कविता में एक आदमी को नदी के समान दृष्टांतित किया गया है, जो इंसान की स्वतंत्रता और शांति की इच्छा को दर्शाता है, जैसे नदी का बहना।

मैं एक नदी हूँ, मुझे यूँ ही बहने दो।
मेरे स्वतः प्रवाह को न रोको, उससे निरंतर आगे बढ़ने दो।
आनंदित भाव में मुझे रहने दो,
मुझे आनंद में खो जाने दो।

नहीं पता मुझे, मेरी मंज़िल है कहाँ।
बस निरंतर आगे बढ़ना है, इसमें अलग है मज़ा।

नहीं है मेरी किसी से कोई प्रतियोगिता
मेरी अलग ही धुन है, यही है मेरी योग्यता

जब पड़ते हैं कंकड़, तो डर जाती हूँ, सहम जाती हूँ।
थोड़ी देर के लिए विचलित और परेशान हो जाती हूँ।
पर बढ़ना मेरा काम है, निर्मल सा मेरा भाव है।
न छल, न कपट, न ही दुराव है।
यह पावन धारा है, यह तो मधुर राग है।

सपनों का सफर

ऊपर दी गई कविता में एक व्यक्ति के सपनों को पूरा करने के लिए मेहनत और निरंतर प्रयास का वर्णन है।

आज का दिन, मेरी तपस्या और निरर्थक प्रयास का परिणाम है।
नन्हा सा एक सपना जो बचपन में देखा था।
नन्ही सी आँखों से उसे सवारा था।
अच्छी ज़िन्दगी हो, स्वर्ग सा घर हो।
कुछ करना था ऐसा कि स्वयं पर गर्व हो।

सच्चाई और ईमानदारी से इस लक्ष्य को पाना था।
अपने सपने को सच से साकार बनाना था।
आस पास न सहारा था, न ही कोई साथ।
न ही पकड़ने वाला था मेरा कोई हाथ।

पर अडिग प्रण, मन में बसा था।
मंज़िल को पाने का दृढ़ निश्चय किया था।
कठिन परिश्रम और स्वयं पर विश्वास तहत।
यही मेरे सपने साकार करने का शस्त्र था।

नई शुरुआत का वादा

यह कविता रिश्तों को फिर से जीवित करने, पुराने गिले-शिकवे मिटाने और प्रेम व विश्वास के साथ जीवन में नई ताजगी लाने की प्रेरणा देती है।

आओ, एक बार फिर से दोस्त बन जाएँ,
आओ, एक बार फिर से ज़िन्दगी महकाएँ।

जो गिलें शिकवे हैं दिलों में, उन्हें अब सुलझाएँ,
नई यादों और मुस्कानों से पन्ने भर जाएँ।

कुछ पुरानी बोझिल यादें, विस्मृत कर जाएँ,
नई स्मृति के दीप जलाकर अंधेरों को मिटाएँ।

एक नई नज़र से रिश्तों को आज़मा,
धूमिल रिश्तों की धूल को अब साफ़ कर जाएँ।
यह आइना है जीवन हमारा,
इसे साफ़ कर नया अक्श दिखाए।

यह दिल जिसमें तुम बसते हो,
इस दिल की मिट्टी को नरम बना,
प्रेम और विश्वास के पुष्प यहाँ खिलाएँ,
ग़लतफहमी की जड़ें, जड़ से मिटाएँ।

आओ, थामो मेरा हाथ, करते हैं कुछ वादे,
कुछ हम बदलेंगे और कुछ तुम बदलो,
हो जाएँगे दूर सारे फासले।

कुछ तुम बढ़ो आगे, कुछ हम भी कदम बढ़ाएँ,
कुछ तुम बदलो, कुछ हम बदल जाएँ।

जीवन के दो रास्ते

कविता में जीवन के विभिन्न चुनौतियों और निर्णयों की बात की गई है।यह कर्मयोगी दृष्टिकोण और आत्मविश्वास के महत्व को उजागर करती है, और सोच-समझकर निर्णय लेने की प्रेरणा देती है।

छोटी सी ज़िन्दगी मिली है, मानव तुझे,
फैसला तेरा है, तू कौन सी दिशा चुने।

ये रास्ते दो दिशाओं में बटे हैं,
अब चुनाव करना तेरे हाथ में है।

कर्मप्रधान जीवन है एक ओर,
आत्मविश्वास से निरंतर कर्म कर,
निश्चय ही पाएगा सुनहरा पथ।

दूसरा रास्ता विश्राम और मौज का है,
जो मनोरंजक है पर क्षणिक भी।
कुछ पल तो यह खुशियाँ दे जाएगा,
पर ताउम्र तुझे बहुत सताएगा।

चुनाव तेरा हाथ में है, ओ पथिक,
कौन सी दिशा में चलना है, यह निर्णय तेरा है।

****

www.ingramcontent.com/pod-product-compliance
Lightning Source LLC
LaVergne TN
LVHW061604070526
838199LV00077B/7170
* 9 7 8 9 3 6 4 5 2 9 9 6 9 *